16	3	2	13
5	10	11	8
9	6	7	12
4	15	14	1

Ricardo Domeneck

CABEÇA DE GALINHA
NO CHÃO DE CIMENTO

editora ■34

EDITORA 34

Editora 34 Ltda.
Rua Hungria, 592 Jardim Europa CEP 01455-000
São Paulo - SP Brasil Tel/Fax (11) 3811-6777 www.editora34.com.br

Copyright © Editora 34 Ltda., 2023
Cabeça de galinha no chão de cimento © Ricardo Domeneck, 2023

A FOTOCÓPIA DE QUALQUER FOLHA DESTE LIVRO É ILEGAL E CONFIGURA UMA
APROPRIAÇÃO INDEVIDA DOS DIREITOS INTELECTUAIS E PATRIMONIAIS DO AUTOR.

Imagem da capa:
Leonilson (1957, Fortaleza - 1993, São Paulo)
O louco, 1992 (detalhe), tinta de caneta permanente
e tinta metálica sobre papel, 32 x 24 cm
Foto: © Edouard Fraipont / Projeto Leonilson

Capa, projeto gráfico e editoração eletrônica:
Franciosi & Malta Produção Gráfica

Revisão:
Cide Piquet, Alberto Martins, Danilo Hora

1ª Edição - 2023

CIP - Brasil. Catalogação-na-Fonte
(Sindicato Nacional dos Editores de Livros, RJ, Brasil)

	Domeneck, Ricardo, 1977
D339c	Cabeça de galinha no chão de cimento /
	Ricardo Domeneck — São Paulo: Editora 34,
	2023 (1ª Edição).
	128 p.
	ISBN 978-65-5525-171-5
	1. Poesia brasileira contemporânea.
I. Título.	

CDD - 869.1B

CABEÇA DE GALINHA
NO CHÃO DE CIMENTO

Os afazeres domésticos	11
Terra no corpo	13
Canção da benzedura	17
Os dedos do meu pai e da minha mãe	19
Os males e o sangue	23
Morticínio ancestral	27
Indústria cultural	29
Pamonhas de Piracicaba	33
Are you going to Bebedouro Fair?	37
A herança da coruja	39
Imitação de Cecília Meireles num sábado estrangeiro	43
Carta à matriarca	45
Saudades de Deus	49
Contra o desperdício	51
A morte em parcelas	53
Chacota e chicote	55
As mangas e os bois	59
Àquele menino batizado de Sexta-Feira	63
Desvio para o ver melhor	67
Pequeno exercício de ornitologia hagiográfica	69
O cio dos peixes-bois	73
Conversa de boteco	77
Construção e ruína	79
Balanço de fim de ano	81
Sufrágio da saxífraga	87
Os calendários e os ciclos	89
Oitiva e vivência	91
O silêncio de um menino nas redes sociais	97
Do espalhar e do juntar pedras	99
Defesa da mais famosa Górgona	103

No sítio da terra pequena 107
Espadachins 109
A rã 111
Testamento de vilão 113
Victor Heringer une-se aos eguns 117
Narval ou louva-a-deus 121

Sobre o autor 125

À memória de

Joan Domènech, avô paterno, analfabeto,
enfartado no cabo da enxada, morto mais
jovem do que sou hoje;

a José Cardoso, avô materno, analfabeto,
que ouviu a voz de Deus num alto-falante,
de quem herdei a coisa crônica;

a Conchetta Sciarra, avó paterna, analfabeta,
guardiã da romãzeira, do terço e do crucifixo,
de cabelos ruivos qual fogueira de São João;

a Rosária Balthazar, avó materna, analfabeta,
das veias de brinquedo, a pacífica, cozedora
dos bolinhos de chuva.

"O capim é minha grande reserva interior."

Maria Lúcia Alvim

"Cumprimento as maçanetas das portas de saída
com mesuras de quem pede emprego."

Victor Heringer

OS AFAZERES DOMÉSTICOS

"Há de nascer de novo o micondó —
belo, imperfeito, no centro do quintal."

Conceição Lima

É o nosso trabalho dizer agora que hão de
renascer o capim-cidreira, o boldo e a hortelã
para os rins, os fígados, os intestinos da família
morta já pela metade, ainda que se espargira sal
sobre a terra dos quintais tomados pelo agiota,
e o dizer em ritmo propício à canção de ninar.

E que as mãos da vó quebrarão o pescoço
dos frangos caseiros para o pirão, que há de
alimentar por dias as mulheres de resguardo
que ao dar à luz indenizaram a família por velórios,
mesmo que daquelas rugas restem só carpos
e metacarpos brancos de cálcio no jazigo do clã.

E que o vô morto voltará em sonho pra ralhar
até a bandeira nacional mudar de cor
com estes desnaturados que não se cansam
de dar desgosto aos seus antepassados,
que cruzaram oceano não só para a desgraça
trocar de passaporte e vegetação ao fundo.

E é nosso trabalho dizer que os avós sequestrados
d'além-mar hão de alforriar-se em nossos corpos
e que os antepassados deste lado do Atlântico
hão de reaver seus quinhões de terra preta,
e juntos, entre a hortelã, o boldo e o capim-cidreira,
de mão em mão as xícaras da saúde que nos elide.

TERRA NO CORPO

Uma história da terra
no próprio corpo.

Do pai, a porção
branca da carne,
ascendência registrada
em cartórios por tabeliães,
o sobrenome que retém
do avô a pronúncia catalã
de origem, ainda
que sua grafia se tenha
baralhado, e, da avó,
nomes de cidades
do passado, como certa
Campobasso, que tanto
poderia ser Atlântida.

Do pai, principalmente,
a possibilidade dos convites
às salas de jantar da casa-grande.

Da mãe, o tingir
castanho da pele
de gente cabocla
do interior, sobrenome
proletário de qualquer
zé-ninguém, e o passado

esquecido de ocas,
do estupro de mulheres
ameríndias e africanas
apagado e silenciado
pela história,
mas não pela carne.
A carne lembra-se
e lembra.

Como o pânico irracional
da mãe, a cada gripe,
de que morra a casa toda.

As linhas retas de pais,
lembradas,
e as linhas tortas de mães,
esquecidas.

Mas na língua mesma
resiste
talvez a memória
de um desastre antigo
quando empreteja
o céu e se grita
da casa-pequena
que se corra e tire
a roupa do varal,
que vai cair um *toró*.

É sempre e ainda
o toró que vem.

E a carne dos filhos,
sem entender bem
o porquê,

deseja e teme
o toró-final
que venha e leve
roupa e varal,
quintal e casa.

CANÇÃO DA BENZEDURA

Havia as mãos da velha, suas rugas, no quintal,
e o cheiro da arruda, e os movimentos cruciformes,
e as palavras em sussurro, e o calor no meu peito.

A benzedeira e suas palavras, e o quintal crescia
em movimentos vegetais, e o calor da arruda
eram palavras cruciformes, com mãos de mulher.

A própria mulher crescia nessa arruda de palavras
e o sussurro era um quintal no peito, as mãos
com cheiro de cruz e fome, e se moviam as rugas.

Eram as mãos, elas eram arrudas que se cruzam
sob o quintal, como se ali se movesse o peito
que palavreia o calor nessa bênção que sussurra.

Sarça ardente nas minhas mãos, e ali vivia Deus:
na arruda, nas rugas das palavras, na mulher
que se movia e era velha desde muitos quintais.

Era um Deus rutáceo, calor vivo como um cheiro
de palavras, o quintal benzia as minhas mãos,
meu peito, e o calor se enfolhava como a arruda.

OS DEDOS DO MEU PAI E DA MINHA MÃE

A herança milenar
da minha mãe e do meu pai
foi o cafuné, que ultrapassa
as datas de validade
das eras geológicas
e das mudanças de governo,
e eu sou agora herdeiro e guardião
daquilo que não empena
como a madeira dos móveis,
nem se enferruja como as moedas
do tempo do Imperador
que encontrávamos nas escavações
do pequeno quintal.

Os dedos do meu pai e os dedos
da minha mãe eram tão antigos
nos meus cabelos quanto os são agora
os dedos de macacos-da-neve
num primeiro dia de primavera,
ou mais próximos de nós
os macacos-de-cheiro, gerando
também seus laços de família
com os mesmos movimentos de mão.

Porque ou temos nós patas
ou têm eles também mãos
tão hábeis para a legítima defesa
e seus outros desesperos.

Pois em verdade em verdade
eu vos digo: nós éramos como gorilas
glabros e dóceis sob os torós
dos mais tristes trópicos.

Uma vez por mês a Mãe
estendia sobre o colo
a toalha branca da trégua
e com nossas cabeças meninas
sobre os seus joelhos
examinava nosso couro
à cata de piolhos,
pensativa,
como irada lanhava nosso lombo
com o couro de vacas mortas
trançado e curtido das cintas.

Essa vidinha que é transferência
de couro a couro.
Mas nesse dedetizar do nosso crânio
trazia-nos de volta ao seio e ao bojo,
dava-nos um calor agridoce,
a tênue febre no peito,
por estarmos assim tão próximos do útero.

Forte era o seu cheiro
de alho e mênstruo,
o olor da saúde das ancas
nas quais médicos forenses
reconhecem numa ossada
a Mulher.

Hoje eu também quero aproximar os rapazes
a meu colo, pentear seus cabelos
com os dedos, buscar

suas desafortunadas lêndeas,
conectar-me aos que benquero
como todos os outros primatas do mundo,
fazendo leves estalidos com os beiços.

E se no quarto se exala o cheiro
do sêmen,
não é blasfêmia, meu pai, minha mãe,
mas a insistência de todos os mamíferos
em exigir prazer e alegria
para além da ordem de povoar essa Terra,
como os saltos daquelas orcas
espelho d'água do Oceano acima,
ou daquelas gazelas tão galãs
quanto esses rapazes que amo,
na Antiquíssima Savana.

Tudo isso é tão belo,
macacos agarrados na noite contra o frio,
as danças sincronizadas dos flamingos,
esse meu roçar de dedos na barba
de outro homem. Tudo o que une
dois corpos é natural,
como a espiral dos caramujos,
como os caracóis dos cabelos
deste primata amado no meu colo,
tudo
nessa Terra hiperpovoada é natural,
natural, natural
como Deus.

OS MALES E O SANGUE

José Cardoso, migrante
interno de Salinas, Minas
Gerais, reza a lenda
de família que veio a pé
até as terras paulistas,
onde quebrou as costas
a vida toda afora
na Companhia Paulista
de Estradas de Ferro.
Seu José, avô materno,
segundo todos na casa,
os mais trincados e velhos
— baixam até hoje a voz —,
o senhor não dizia "A",
olhava só, e já sabiam
que causaram desgosto.
Que história triste essa
que até hoje me molesta:
João, seu-pai-meu-bisavô,
indo campear de tristeza
o sítio a cavalo, pra não ver
a partida do filho mais velho
e dando ordem à mulher,
minha-bisavó-sua-mãe: "não
deix'ele levar o mais novo".
José Cardoso, migrante
interno de Salinas, Minas

Gerais, era o senhor
o filho mais novo, e só Deus
sabe que sonhos doidos
fizeram com que o senhor
aceitasse da mãe pão, doce,
e seguisse o mais velho
pra migrar a sós, entre onças.
Vô materno, valeu a pena,
eu pergunto, o teu desgosto
pros pais jamais revistos,
e a pé, de Salinas, fronteira
de Minas Gerais e Bahia,
migrar até essa Bebedouro?
São Paulo nunca chegou,
tampouco chegou a fortuna.
Cá viu a cabocla Rosária,
de cintura boa de dar filho,
concebida na violência
antiga das bandeiras
desses velhacos paulistas,
com quem juntou trapos,
moça pobre que nem rosário
de contas de coco,
sua-mulher-minha-vó,
analfabetos, dum povim
sem ter onde cair morto,
de caiporas e lobisomens.
Cá estamos, os Cardosos,
tidos por seus vizinhos
por pés-rapados vaidosos,
iletrados metidos a besta
que mandavam à escola
essa filharada toda,
pra salvar em suas costas
fraturas e filhos vindouros

dessas novas minas,
as ferrovias dos paulistas.
Uma geração depois,
coisa parca e mísera,
a família toda já domina
o abecedário das cartilhas,
e sua filha, alfabetizada
não só para as listas
de compras na quitanda,
deu ao senhor esse neto
metido a mula-doutor
que nem assina seu nome,
seu Cardoso, usa outro,
de linhagem mais traçável.
Faz na Europa o que o corpo
do avô fez nas ferrovias?
Esse neto, mãos de pele fina,
jamais tocou bigornas.
Logo adubaremos tijolos
neste solo de Bebedouro
que o senhor nem faz fértil
no já abarrotado jazigo
da família, se nem em terra,
como a sementes,
enterramos mais os mortos.
A CPEF foi à bancarrota
e os trilhos das ferrovias
nunca iriam pra frente,
muito menos repartir ouro
entre caboclos e caipiras.
Pergunto, de novo,
finado seu Zé Cardoso,
valeram mesmo a pena
os passos todos de Salinas
pra sua vida de salmoura?

Servirá por acaso agora,
qual pomada-de-calêndula,
em suas costas de bigorna
quebrada, este poema?

MORTICÍNIO ANCESTRAL

a Rosária Cardoso, in memoriam

Quando minha avó torcia o pescoço
dos frangos, não raras vezes
chegando a decapitá-los,
e os lançava ao chão frio de cimento
para aquela dança assustadora,
não havia em seu rosto
paixão, prazer ou pena.

Na escuridão escondida dentro do meio-dia,
aqueles morticínios eram os atos
mais honestos na violência
daquela casa e daquela infância.

Afogando na água fervente
os cadáveres sem cabeça
(que ficara de banda no quintal
interrogando seu Criador),
ela passava a depená-los, ágil,
qual fosse um gavião-pedrês.

Como o cafuné do crânio da onça
no crânio da capivara,
ou o abraço anelar das garras do carcará
ao redor do corpo todo-torso da cobra,
nada naquela velha
era cogitado
para além da missão simples:

alimentar a prole.

Como todo animal que não questiona
a cadeia alimentar diante da fome,
minha avó foi o bicho mais inocente
da minha casa e da minha selva.

Mais do que os gatos e pombos,
mais do que os jabutis e coelhos,

com certeza

era mais inocente minha avó
do que as cachorras da casa,
aquelas cachorras grandes e gordas
com os dentes afiados — mas inúteis,

esperando também da mamífera-anciã
que manchasse ela as mãos de sangue.

INDÚSTRIA CULTURAL

a Raul Lopes Moraes

As distrações
para as famílias do interior
exigem recursos humanos
próprios.

Aqui
não vêm atuar
os grandes atores,
aqui
não vêm ler
os grandes poetas,
aqui
não vêm cantar
os grandes cantores,
aqui
não se digna
a interpretações
a *intelligentsia*.

Aqui,
às igrejas evangélicas
e às academias de ginástica
cabe a implementação
do *Mens sana in corpore sano*.

As visitas à sorveteria
que antes fora uma pizzaria

e antes, uma lanchonete,
apenas mudam as paredes,
que não trazem
fotografia nem pintura
de tradições centenárias.

O espaço público
— nem Ágora nem Eclésia —
incita variações
— agora aos sussurros —
dos ressentimentos velhos,
das irritações pequenas
que se acumulam
e latejam como pústulas.

As frustrações do pai,
as frustrações da mãe,
e assim, em escadinha,
as frustrações nascentes
da prole toda, em perdas
crescentes.

À mesa
reina a nossa mesma
falta de assunto da janta
ou o assunto repetido
à exaustão. As dívidas
com Deus e com César.

E sim, o silêncio
sobre os únicos assuntos
que quiçá nos salvassem.
Quem-nos-dera, num instante
de lucidez repentina,
aguássemos agora

os sorvetes, as pizzas, os lanches
com lágrimas, esgoelando juntos
na sarjeta. Mas o que diriam
os vizinhos?

Nas capitais
lacrimeja a *intelligentsia*
— *o povo! o povo!* —
enquanto o mofo e o musgo
cobrem aos poucos
a nossa boca palerma,
a nossa não-alma.

PAMONHAS DE PIRACICABA

a Caetano Romão

Diz-me
se as espigas hasteadas
dos milharais
ainda brotam e se douram
sob a pele verde
e se espicham ao sol,
eretas como a bandeira
da terra,
e então se dobram
às mãos
que as colhem,
e aos brados
anunciam-se nas boleias
e carrocerias
dos caminhões de pamonha
oriunda do flavo reino
de Piracicaba.

Diz-me
se aquela avó
com mãos hábeis
ainda retira, folha
a folha,
como a véus, a roupa
verde do milho,
e o debulha na bacia
de ferro das Minas,

para socá-lo
até o sumo e o suco
e então revesti-lo,
após o ter despido,
com as mesmas folhas
verdes da espiga-falo,
agora mero sabugo,
na bolsa-vulva
que contém a pamonha.

Diz-me
se o menino
magricelo e medroso,
que conhece a jararaca
e a cascavel
inquilinas dos milharais,
ainda se acocora
ao lado da avó
com colo de canjica
e mãos de polenta,
observando o ritual
da faca afiada
a desbastar da espiga
seu ouro,
e o maceramento dos grãos,
e o cozimento dos sucos,
e o empacotar da massa
a folha e barbante,
à espera da nutrição
doce, doce.

Diz-me
se a mãe ainda grita
da cozinha
que não há motivo

para gastar os recursos
da casa
e alocá-los a Piracicaba
se a avó faz do milho
o melhor em casa,
o curau e a pamonha
do nosso pomar doméstico,
para manter em Bebedouro
e na família, as caraças
das notas de mil-réis
e o produto interno
e bruto
do coração do milho,
do caroço dos filhos.

ARE YOU GOING TO BEBEDOURO FAIR?

> "Are you going to Scarborough Fair?
> Parsley, sage, rosemary, and thyme"
>
> Paul Simon

a Ismar Tirelli Neto

Você irá nesse domingo à feira
ao redor do Jardim Misterioso
em Bebedouro?

Mande notícias, se as pinhas
estão maduras, se é tempo
de mangas, a rosa

ou a espada que corta o verão.
Se já bate ao sol a bandeira
da coração-de-boi.

Talvez possa resgatar um frango
das mãos vivas de uma avó
que o queira pirão

e entre as grades da prefeitura
o solte a ciscar por uma hora
mais de vida e paúra.

Na praça pergunte aos antigos
se é verdade que ali antes
fora um cemitério

e por isso o Misterioso do nome,
ou só outra história de medo
para crianças crédulas.

Note se todos contam as moedas,
se há poemas nas cédulas.
Talvez seja ainda 1985.

Procure então entre as galinhas
medrosas um menino franzino
e medroso, muito quieto.

Diga-lhe que vai diminuir o medo.
E o pavor da vacina de revólver
e da verdade sobre si

é completo e supérfluo exagero.
Que cisque como as galinhas
da alegria os grãos.

Que cresça como aquelas mangas:
espada, rosa, coração. Rasgue
no dente o verão.

A HERANÇA DA CORUJA

Ainda hoje esvoaçam corujas
entre as fronteiras da República,
mau agouro para camundongos
escondidos no mato escuro
com jacurutus e murucutus. Longe
de qualquer ruína de acrópole,
essas corujas não assistem
Atena alguma. Os gregos extintos
as tinham por signo do sábio,
exemplo didático a ser seguido:
que a nossa mente enxergasse
também nas trevas sua presa:
beleza e verdade, as siamesas.
Não por aqui. Se diz em Goiás
que são bruxas beberrãs.
Criança, eu não via corujas
nem como belas nem verazes,
a vó materna me incutira paúra
das pássaras. Dizia: pouso e pio
sobre a cimalha de uma casa
é anúncio de morte na família.
No sol das ruas de Bebedouro
caburés me assustavam amiúde
em seus voos diurnos. A noite
pertencia aos morcegos. Tapava
logo os ouvidos contra os pios,
contra essa teia de mortes,

aves e mamíferos, já que muita
asa que não voa ali falecera
nos punhos firmes da matriarca
preparando seu pirão de frango,
como os mamíferos alados
morriam nas mãos dos meninos,
agitando varas de pescar
para confundir os morcegos.
Quanta galinha estrangulada
dançou decapitada seu maxixe
no quintal de cimento cinza,
quantos radares de morcego
os levaram à morte no piche.
Era outra a sabedoria da velha:
ervas, os cordões umbilicais
enterrados e seus lobisomens.
Andava pelos quartos em prosa
com fantasmas. Temia a morte.
Para ela, sabedoria era isso:
tudo acaba. O marido, os filhos
enterrados como os cordões
umbilicais, prenúncio da coruja.
Foi ela própria definhando
como as espécies do território
até sobre o cimo de sua casa
piar por ela a pássara. Foi-se
então para o bairro dos mortos,
os que são nossos inimigos
— já nos alertavam os povos
originais da terra. A ladainha
de suas bocas é uma, só uma:
"Juntem-se a nós". Há que
resistir ao chamado. Eu sigo
aqui, entre os urubus-reis,
sem conhecer ervas, as dores

pipocando pelo corpo, e ainda
escuro na República. Espero
se adapte na cabeça o olho
de alguma sábia Atena cabocla
e enxergue beleza e verdade
na escuridão, no desconsolo,
enquanto a jaguatirica do desejo
borra toda lição já adestrada.
Quando for minha hora, coma
meu cordão-umbilical, coruja-relógio.
Então pie sobre a minha casa
sua canção de ninar, rasga-mortalha.

IMITAÇÃO DE CECÍLIA MEIRELES NUM SÁBADO ESTRANGEIRO

Em prateleiras etiquetadas da quitanda
jaz a floresta útil, organizada e civil.

Na cabeça definha o pomar da infância
simples: mãe e vizinha, goiaba e abiu.

Sobe o número de hectares do mundo,
incha o mapa, exótico: istmos, fiordes.

Mas o açude do bairro era mais fundo,
o reino vasto, medido em quarteirões.

Na cama, uniam-se ao canto dos galos
o pio do bem-te-vi e do fogo-apagou.

Agora mal nos vemos e nem cantamos,
o alarme de incêndio é o que restou.

CARTA À MATRIARCA

Saudações
meio secas meio líquidas,
os cumprimentos
do barro e da costela.
Escrevo do centro do umbigo
que é a cicatriz vitalícia
de minha maculada conceição.

Queridíssima Urmamífera,
Caríssima Protouterina,
não é à toa
que o seu nome
nas várias línguas
vem das mais fáceis sílabas,
aquelas das quais são capazes
os bebês, os infantes,
nossas miniaturas
de baba e pernas titubeantes.

Ma
é só um balbucio,
alfabeto fonético para iniciantes,
articulado
num abrir e fechar
de lábios
como os que se encaixam
nos mamilos
para sugar as proteínas

das fábricas industriosas
de suas mamas.

Minha pequena pomada-de-calêndula,
minha minúscula mercúrio-cromo.

Ovípara ardilosa
que faz do próprio bucho
uma casca de carne-cálcio,
faz de si mesma
a primeira
doadora de órgãos.

Para fazer esse
M + A,
os lábios fechados ocluem
por um segundo
o ar
dos meus pulmões,
eu que sou filho do pós-guelra,
para chamar a Senhora
que é filha do pré-guelra.

Minha pequena dinossaura,
minha minúscula pré-história.

Ave, primeira
professora de línguas.
Eu pio desesperado
no ninho de galhos
sequíssimos, tão
prontos à combustão.

A Senhora se faz meu totem
para tornar-se a primeira

legisladora de tabus.
Por anos segui sua manufatura
de gêneros,
seus respectivos costumes
e figurinos, eu que não
passo de argila,
argamassa e reboque.

A Senhora, sentada
sobre as cadeiras, semelhava
aquelas pequenas estátuas
pré-históricas
que anacronicamente
chamamos de Vênus,
elas próprias
assimilando ovos,
figuras femininas redondas,
de tetas grandiloquentes,
a fértil feminil.

Minha pequena geleia de tutano,
minha minúscula bolsa de estopa.

É a Senhora quem faz a diferença
entre o tico-tico e o pardal.
É a Senhora quem faz a diferença
entre a chuva e o toró.

A Senhora
que ensinou
a agigantar as significantes gramas
até que tivéssemos
o trigo, o arroz e o milho.

A Senhora
que presidiu
sobre a mutação das lobas
em cadelas
e as guiará de volta ao lupino.

A Senhora
que sobreviveu
a cada uma das cinco extinções
e lentamente sobrevive a esta.

No tororó eu ouvi
a água que houve.
Hoje sei que perigosa
mesmo a Cuca
nunca foi.

Cá estou em sua boca,
encharcado da saliva do crocodilo.

Minha pequena arqueóloga,
minha minúscula Tutancâmon.

A que me untou com os seus unguentos,
a que me besuntou com seus emplastros.

A que me enfaixou, múmia, em seu linho.
A que me enfeixou, mosca, em sua teia.

SAUDADES DE DEUS

Saudades de Deus, minha mãe,
do 0800 com o divino
e o maravilhoso.

Houve o tempo em que o Inimigo
rondava as casas, raivoso
Cão dos cães.

No cozer do feijão com arroz,
João Paulo II ouvia de cãs
nossas ladainhas.

Era uma batalha eterna de anjos
contra o nosso soçobro,
fraca qual cutícula

a nossa carne. Lanhava o cutelo
do desejo o meu lombo,
barrava a assunção

para o Paraíso e a Comunhão
dos Santos. O meu rogo:
ser o primogênito

macho que a Mãe profetizara,
fazer-me um garanhão
dentre os primatas

favoritos na fuzarca da Criação,
um Lázaro adiantado
que procria, mas

montanha não havia no Planalto
Central a mover com fé.
Temia o inferno.

Guerra de hormônio e oratório,
qual seria minha função
para a espécie?

Como em Brasília a Catedral
daquele arquiteto ateu,
a ânsia ascendia,

não era como no Templo o véu
que se rasgou de cima
para baixo, ao chão,

mas minha vida toda eu tremia
entre o Filho do Homem
e homens com filhos.

Hoje varro de dentro para fora
no meio dessa Pestilência.
Mil caem a meu lado,

dez mil à minha direita, atingido
sou por tudo que rasteja
e respira no mundéu,

e ainda busco as vozes do além
e do aquém, qual híbrida
mula, crente e ateu.

CONTRA O DESPERDÍCIO

a João Domeneck Filho, in memoriam

Como o senhor abria o armário
da despensa e a geladeira
e averiguava detalhes
de tudo antes do consumo,
se a farinha e o milho
traziam carunchos,
se os ovos estavam galados,
se virara vinagre o vinho,
e fazia suas apreciações
naquele idioleto peculiar
da casa e da comarca
— essa carne e esse leite
não estão muito católicos —,
eu hoje diante do espelho
apalpei-me a mim mesmo,
analisei verrugas na embalagem.
As manchas crescentes na pele,
as mamas caídas de Mãe Jocasta,
as patas mancas e as cáries
do cavalo que me foi dado
para trotar por essas plagas.
Não conheço ao certo meu prazo
de validade, minhas receitas
para servir duas ou três porções,
se alimentei e com vitaminas
alguém nesse mundo eu nutri.
Mas sei meus condimentos,

conheço meus aditivos,
e ali ao espelho também manchado,
qual consumidor satisfeito,
esgarcei os lábios e sorri de murmúrio
como se o senhor ainda estivesse aqui:
nada por aqui anda muito católico.

A MORTE EM PARCELAS

a Francisco Bley

A primeira vez que eu morri,
gaguejei ao amigo se se sobrevive
a essa morte em parcelas
e o amigo, já escolado
em mortandade, respondeu: sim,
se sobrevive, se atravessa o quarto
em chamas e se emerge no jardim,
chamuscado, a musselina pegada
à pele, a própria pele qual musselina,
mas vivo, ainda, ainda mais para cá
do que para o além, quando hemos
de estar não só alfabetizados
mas psiomeguizados nesse vocabulário
das perdas crescentes como as dívidas.

Isso deveria servir de consolo,
como volta a primavera de Perséfone
em férias no submundo, e voltam peixes
a rios devastados, e as baleias a mares
de plástico, e até o sol volta ao Ártico
após uma noite que dura meses.
Ainda que se sinta isso como castigo.

As alegorias mais esdrúxulas
já foram usadas para essa teimosia.
As alegrias mais estapafúrdias.
Almodóvar e o coma em meio a touros,

Duras e os brotos no solo de Hiroxima.
Notem a audácia. Se se sobrevive?
Sobrevive-se.

Rá monta de novo sua carruagem,
o Cristo ressuscita, Dom Sebastião
volta. A holotúria, o rabo da lagartixa,
o braço da estrela-do-mar, etc., etc.

E Hiroxima reconstruiu-se deveras.
Taparam-se as crateras em Berlim.
Vidas individuais, vidas coletivas
que se erguem de escombros
tanto do amor quanto da guerra.

Mesmo que maremotos salguem a terra.
Notem, notem a nossa audácia.
A teimosia dos pulmões. Do coração.

CHACOTA E CHICOTE

Fui a chacota dos meninos
bonitos da escola, os galetos
de coxas grossas
de futebol. E os amava.
Amei cedo
meus torturadores
e a eles jurei lealdade.
Quando hoje os encontro
na vila da infância
— barrigudos de cerveja
e sonhos esculhambados —
baixo ainda os olhos,
o peito pesadinho
de compaixão e vingança.

Vejam bem, cambada,
não sou santa nem pilantra,
eu os olho afetada
por sentimentos contraditórios
no meu coração
também esculhambado.
Sapateio
os paralelepípedos do Interior,
eu, a vil e altaneira
Madre Tigresa de Qual-Cu-Dá.

A estes antigos meninos
— de corpos já postos

e quase decompostos, moídos
pela sua própria e ilusória
gerência patriarcal da gleba —
eu ainda os ordenharia
com minhas mãos de hóstia fina,
minha boca de lixão canonizado.
Murmuraria com sua carne
entre os dentes: Tomem tenência,
venham comigo
para a matilha do macho-ômega.

Já excedi agora a metade
da minha expectativa de vida,
e a mais recente conquista
é este emputecer-se,
não
nas mucosas devidamente hidratadas,
mas no campo de extermínio
das emoções. Ah! Retardada
freudiana, tarde é
para esgoelar agora aos pais
que abominação
foi a apocalíptica disciplina doméstica,
a catoliquinha e a evangelicona,
aquele obrigar crianças ao constante
estado de alerta, à legítima defesa.
Ao módulo FUGA ou LUTA.

A obrigação de vossas senhorias,
queridos progenitores,
representantes não-remunerados
da TFP e da Agnus Dei,
era proteger o rebento
— ainda que este andasse a arrebentar
o cu

pelas vielas da vila,
enfiando goela adentro
os antúrios e entulhos
dos homens.

Não me desentendam
de novo. Ponho-me
fora das suas trincheiras.
Jamais satânica ou madame,
mas a que inventa sua realidade,
a-que-faz-de-conta,
a-que-faz-que-canta,
como os ancestrais medrosos
inventaram seu deus,
o dos seis dias de invencionice
e um sétimo para o sono da beleza.

Também eu tenho meus descansos
para a beleza
que rebolo sobre os paralelepípedos
das terras bandeirantes.
Sim, minha finada avó,
meninos também rebolam.
Rebolam sim. Mas eu pergunto:
precisava eu, avós e pais,
queridíssimos ancestrais apodrecidos,
para defender os direitos
de soberania sobre minhas mucosas,
ir viver nos sertões d'Ouvidor,
onde filho grita e mãe não ouve?

Sim, declaro aqui em usucapião
que estas províncias
também são minhas
e que a mim também

cabe a extrema-unção
alardeada por estes homens
de vestido preto
e colarinho branco, agentes
publicitários do deus em carreira solo.

Portanto, ex-meninos das coxas grossas
e ora barrigudos de cerveja,
vinde a mim, todos vós desiludidos,
que prometo o alívio
temporário
da minha bem treinada boca,
já que deus nenhum jamais
ouviu suas preces e mandingas.

AS MANGAS E OS BOIS

Jamais rasguei no dente
o coração de um boi
para saber se a consistência
é a mesma entre as carnes
da manga e do mamífero.
Sei que foi destinada a meus dentes
a polpa da fruta
para chegar às sementes,
desnudá-las e espalhá-las
entre bois que adubem o solo
para sua frutificação.
Percebo que o coração de boi
e a coração-de-boi
são imagem e semelhança
assim como a crista-de-galo
e o galo e sua crista.
Dizer porém o quê
da espada-de-são-jorge
e a espada de São Jorge?
Da costela de Adão
e a costela-de-adão?
Ontem, à mesa de um bar,
o amigo nomeou seu destino
nos próximos meses,
disse estar a caminho
da Cabeça do Cachorro,
causou susto, interrogatório.

Tudo tem provas, um mundo
cartografado com cuidado,
é isso que nos legaram
os antepassados, mortos
entre os polos Norte e Sul.
O amigo logo mostrou-nos
no mapa digital, invocável
pela voz, a região
no extremo noroeste
do país, estado
do Amazonas, fronteira
com Colômbia e Venezuela.
Como é possível jamais
soubesse que a terra possuía
uma cabeça de cachorro?
Nunca olhei tão longe?
Vivo nos seus intestinos.
Ora, parece-se mesmo
com a cabeça de um cachorro,
latindo, latindo, enraivecido,
pensei eu, enterrando os dentes
no coração dos bois
e na coração-de-boi,
com a minha cabeça de cão,
minhas costelas de Eva e Adão.
Talvez seja hora apenas
de aceitar o calor que colore
as mangas, esse dezembro
em que derretemos
mas, ao menos, juntos,
de amar com igual suculência
o próximo e o distante,
planejar viagens curtas e longas
ao Lago das Garças e a Chã de Alegria,
a Anta Gorda e à Cabeça do Cachorro.

Amar o nativo e o enxertado,
assim como talvez amarmo-nos
a nós mesmos, há tanto tempo
enxertados
como as mangas e os bovinos,
que já nos tratamos por nativos.

ÀQUELE MENINO
BATIZADO DE SEXTA-FEIRA

a Felix Mayr

O que aquele menino portava,
erguendo-se do seu corpo,
não era nem um raro molusco
nem o lendário chifre do unicórnio.
Mais parecia a flor do antúrio,
e toda flor é uma folha
adaptada a nova missão.
Movíamo-nos naquela manhã fria
buscando o encaixe das peças
de montaria sobre um cavalo
xucro. Sela. Estribo. Rédea.
Nuvens manchavam de cinzas,
como numa erupção, a sexta-feira,
e feito caranguejos-ermitões
queríamos trocar de conchas,
mendigávamos ao mundo
menos
ângulos retos.
Fazíamos
nossa mandinga cor-de-rosa.
Dois corpos sobre uma cama
são uma festança,
porque onde dois ou três
estiverem presentes
em seu nome, ali estarão
Rudá e Oxum e Eros.

Mas não Santo Antônio,
o casamenteiro.
Sabemos na própria carne
o que é a hóstia do outro.
Nossos órgãos
comoviam-se como as peças
de um dominó em queda,
empilhados acima e abaixo
do coração. Tudo
era uma só compaixão.
E quando nos jogávamos
um sobre o outro,
amortecíamos
a queda e o impacto
com as peles mescladas
sem osmose
a lençol e fronha.
Temos outros métodos
de doar um ao outro
o que carregamos
entre membranas.
Coordenávamos o rodízio
das ancas e dos ombros,
frigíamos à cama como ovos,
o côncavo respeito!,
deitados como par de conchas
ou mão sobre mão.
Armazenávamos nosso calor mútuo
porque o ângulo entre sol e planeta
esfriava tudo o que era vivo,
mas os lençóis endureciam
como um pergelissolo
ali onde nossos corpos
não o vedavam da atmosfera.
Olhávamos o suor na cama

e constatávamos a prova
do derretimento das calotas polares.
Estávamos seguros,
com vinte dedos
cerrados uns nos outros,
e alternando metacarpos e costelas,
sobre as quais erguiam-se
as ocas dos meus mamilos
e os panteões dos seus,
assim, com os pequenos ossos
das mãos,
um ao outro nos abotoávamos.

DESVIO PARA O VER MELHOR

Tão repentina, rápida foi sua partida,
tão estonteante essa distância expandida,
tornou-se vermelho o seu suéter azul.

Olho suas fotos. Nelas o sol brilha
refletido em cílios, pálpebras, pupilas.
Uma estrela morta que fia sua luz.

E deste sol que esquenta olhos, cus,
gasta pouco a pouco toda sua energia,
você se escondia como um avestruz.

Mas, querido, tudo no planeta conspira
por nós em nome de vidas mútuas:
os genes de peixes, os jogos de exus.

PEQUENO EXERCÍCIO
DE ORNITOLOGIA HAGIOGRÁFICA

a Érico Nogueira

de santos e sábios
os céus
têm os seus sabiás
e assuns

só as aves sãs
são os anjos
que nos cabem,
nos sabem

na igreja homens
egressos do barro
de novo são barro
cozido e pintado

mas de Pedro
vejo o velho
vivo de cabeça
para baixo

de Sebastião
vejo o jovem
que era são
antes das setas

e Francisco todo,
são e sanado,
canta ao lobo-
-guará e suindara

São Barro,
rogai por nós,
somos só
roupa e borra

o que difere
seu João
de
São João?

o que difere
"ave, Maria"
de
"vai, Maria"?

o cardeal
a quem peço
a bença
é o pássaro

o sol no mar
é meu Lázaro
e é você o sal
da minha terra

seja sã, Maria,
seja são, João,
nessa febre
terçã do chão

enquanto
no céu, suave
e só,
vai a ave

O CIO DOS PEIXES-BOIS

Quando se tornam intragáveis
as horas de aglomerança e sozinhez,
penso no cio dos peixes-bois,
como garantem seu futuro
no capim de estrada submersa.

E nos feudos do reino vegetal
não é menos violento
o desjejum dos peixes-bois
do que os nossos dentes
na carne de colegas menores,
o destino esquartejante
dos roliços: vacas e porcos.

Entre aurora e aurora
boiam a dois os peixes-bois
no desjejum e no cio.
São seus próprios casacos salva-vidas.
Como se cortejam?
Serão seus rituais secretos
tão aleatórios quanto nossos muxoxos
de joelhos e nossos diminutivos
entre lençóis?

Leves são as vibrações
de canoas distantes.
Nesse domingo de chuva

eu quisera que a umidade do ar
fizesse também do meu quarto
um dos largos rios do Norte.

Aqui, doente e de cama,
volto à origem quadrúpede
com minha fiação em curto-circuito
percorrendo os trilhos
entre a cerviz e o sacro cóccix,
e cada vértebra
encaixota-se na outra
em linha horizontal.

Minha espinha dorsal
torna-se como a dos peixes e a dos bois.
E no meu jejum desejo
que nós também tivéssemos cio,
só um período curto a cada ano
de agitação e gastura,
com o resto dos meses
dedicados a pastar quietos.

O sexo intermitente
com seu próprio tempo e estação,
como há o tempo de mangas
e o tempo de jabuticabas.
Quanto erro, quanta violência
eu próprio engendrei
nesse constante motim desenfreado.

Enquanto isso boiam os peixes-bois
na água que parece cancelar
essa gravidade
que me atrela ao chão,
e minha coluna flexível, dobrável

não é mais do que uma gangorra
entre namorados.

Se me ergo e honro
a escolha dos ancestrais
fossilizados, sei que por nós
o ar se infiltra entre sola e solo
pelo arco dos pés —
e essa é nossa única levitação.
Mas é então que mais gosto
de pensar no cio dos peixes-bois,
e no homem que eu amo.

Nessa manhã eu gravito
em torno a ele
como a atmosfera e o oceano
aceitam a gravidade redonda
e querem o centro, o centro
da Terra, onde o planeta
responde ao calor do sol
com seu próprio calor.

E na água morna dos rios ao Norte
controlam sua própria temperatura
os peixes-bois, os sãos peixes-bois,
que eu só interromperia em pleno coito
para dizer que eu mesmo
já não quero o cio que coa o mundo.

CONVERSA DE BOTECO

O amigo diz que a poeira vai baixar,
as pessoas vão começar a se ouvir.
Que é a tempestade de areia
atrapalhando o morse,
derrubando os fios do telégrafo.
E pede outra cerveja.

Mas essa poeira já não baixa.
Poeira da Boca do Acre
à Canela do Rio Grande do Sul.
Desmata e mata
até virar movediça a areia.

Já não se vê o diabo, já não se vê a rua.
Amamenta-se o filho no seio do redemoinho.

Enquanto isso a gente ouve
"Ingênuo" do Pixinguinha
e finge que o Brasil existe.
Joga uma flor a mais no mar
pra chantagear Iemanjá
e aperta com mais força a conta do rosário
em novena pra Nossa Senhora Aparecida.

Pelo Sinal da Santa Cruz
Livrai-nos Deus, Nosso Senhor
dos nossos Inimigos.

V. Deus, in adiutorium meum intende.
R. Domine, ad adiuvandum me festina.

Mata a vaca e mostra o bife.

CONSTRUÇÃO E RUÍNA

No começo era como uma areia
movediça. Um angu de caroço.
Pouco a pouco se engrossou
o caldo de enxofre nesse inferno.
Dia a dia cresciam os bolores
nos pães amassados pelo demo,
mas críamos ser nossas flores.
Ali vivíamos. "É a nossa terra,
nossa vida." Semelhava um poço
de onde, ao menos, um sustento
colheríamos pro nosso proveito,
o nosso fim de anciãos bobos.
Cantava-se um samba glorioso.
Marchava-se de verde e amarelo
num dia esquecido de setembro.
Vinham as marés cheias de dejeto
e a cada janeiro, a cada agosto,
depositavam em nossas covas
a sua argamassa. Os seus tijolos
coziam-se aos poucos no calor
brando de nossa grã-paciência.
Hoje cá estamos, com o cimento
que nos abotoa até o pescoço.
Olhamos a paisagem lacrimosos.
Que belo país! À linha dos olhos
enxergamos já os sinais de fogo
e além dele um colosso deserto.
Ah! nosso colosso, nosso colosso.

BALANÇO DE FIM DE ANO

Foi o ano em que todos nós morremos
um pouco, claro que pouco a pouco
morríamos todos e olhávamos
        já com cuidado
     uns para os outros,
e passamos a perguntar:
        "será você
o próximo?
       serei eu?"

Pela manhã contávamos os vivos
pois já era mais fácil do que contar os mortos,
tirávamos do caminho
        uns dos outros
as pedras, as cascas de bananas,
apontávamos escadas íngremes e degraus longos
e nos agasalhávamos com um pouco mais de afinco.

Por estas épocas foi que começamos
a nos lembrar com nostalgia
de um tempo
       mais simples
     quando não tínhamos
jamais usado palavras como *vindima*
ou verbos como *devir*,
     não sabíamos
o que era um Dalai Lama

e ambição era poder comprar coxão mole
em vez de duro,

todas as vacas e frangos e porcos eram felizes,

rinocerontes havíamos visto
só por fotos
        e extintos estavam só os fogos
na mata e os dinossauros,
        mas há tanto tempo
que não os contávamos mais
para a economia doméstica.

Tivemos afinal aquelas primeiras lições
        da fauna caseira,
as lagartixas perambulando pelas paredes
enquanto a família ouvia Cid Moreira
        relatar as desgraças da República,
e pais e mães e filhos descansavam
de vez em quando a atenção das notícias
com a caça das lagartixas
aos mosquitos e às varejeiras.

Entendia-se a cadeia
        alimentar, a família
        torcia
pelos répteis como pelo Corinthians
e quando a lagartixa abocanhava a mosca
        sentiam alívio até as panelas na mesa:
o resto da janta esfriando na cozinha
podia ser requentado
sem sobressaltos para o almoço.

Mesmo assim assistia-se à matança
        com um pouco de inveja

ressentida das moscas: tinham asas,
   escapavam mais fácil
do que nós. Não era hierarquia
      de classes,
alguns dos insetos
      e alguns dos mamíferos
  da casa dividiam as colheitas,
com as formigas em marcha por cantos
e quinas firmara-se um tratado de paz
desde que não surrupiassem o açúcar
e mantivessem suas patas longe do mel,
tão caros,

e se aos camundongos
      reservava-se o veneno, convivia-se
com os grilos, e os bem-te-vis bicavam os abius
e as goiabas no quintal, os cães matavam, é verdade,
muitas minhocas em suas escavações arqueológicas
    mas sempre sobrava para os primatas
o bastante para vitamina, doce e suco.

   Nos domingos de chuva, alisava-se o cão e o gato,
guiava-se o sapo
até o bueiro com a mangueira,
     com a vassoura só se alguma briga
por dinheiro tivesse perturbado a paz das paredes
da casa com suas manchas, fazendo aflorar
nossa crueldade escrita nas espirais dos genes,
aquela que levava os meninos da rua
a saírem com varas de pescar no asfalto,
agitando-as rapidíssimas para confundir os radares
dos morcegos, matando-os.

   O macho-alfa dos primatas
era amado e respeitado por todos, ainda que também temido,

mas generoso olhava o dilúvio
minúsculo das cidades do interior, mastigava
    seu macarrão.
Jesus estava vivo, Iemanjá doava o que podia,
      estavam vivas as avós,
o Brasil era nosso,
eram puros e infindáveis o petróleo e a água.

    Tudo seguia uma lei e uma teia
de alianças, a fauna caseira aguava
      na estiagem a flora, os cães
dependiam dos primatas, atraíam as moscas
todos os bichos peludos da casa, da mãe ao cão,
e sempre torcia-se pelas lagartixas
    em caça às moscas e em fuga dos gatos.

Tudo dava cria:
os primatas, os cães, os gatos, os morcegos, as lagartixas
                    [e as moscas

repondo o que se perdia numa sucessão que nos iludia,
idiotas da fartura eterna como se questão de tempo apenas
para que os mortos voltassem todos na pele de filhotes nossos,

   pois morria-se e matava-se aos poucos,
éramos todos felizes, não havia
   Dalai Lama, rinocerontes ou dinossauros
nas redondezas, nos espantávamos com fenômemos
simples como aquele dia em que uma legião
de tanajuras
invadiu o céu da cidade, havia vagalumes
    no campo
e pescar tinha uma coisa de vida ou morte,
cercados que éramos por sucuris e piranhas.

Respeitava-se a cadeia, não se tentava
a pirâmide a provar que era séria e eficiente.

Mas sabemos hoje que tínhamos passado os olhos
rápido demais sobre os desastres da República,
que Cid Moreira selecionava os lutos
       e custava muito às moscas alimentar
nossas lagartixas, o bife no prato sofrera
       do parto da vaca ao matadouro
       que a República
tinha sido desde o começo e antes
e que morrer e matar aos poucos
era já morrer e matar demais.

Hoje, depois,
       sabemos que sobre famílias
apropriado seria escrever a carvão,
garatujas sobre a pele esticada e ressequida
das vacas e frangos e porcos
       que cederam suas carnes
para a sucessão de almoços e jantas
que nutriram esta coletânea de fotos
       tão dignas de notas-de-rodapé
quanto a sucessão de presidentes e ministros.

Mas as alegrias continuaram em verdade simples
mesmo que nossos parâmetros nunca se decidam
entre elevar-se ou rebaixar-se, e no fundo as bolsas
       que temos medo que caiam
são apenas aquelas que podem revelar
       algum segredo pessoal ou familiar
nas calçadas da avenida ou do passeio público,

       e ouvimos por fim uma mulher
tão experiente nos desastres da República

como Elza Soares
cantar que cantaria até o fim, então erguemos
        as vozes roucas
e prometemos o mesmo, cantar até o fim

        e as baleias responderam longe, longe,
também elas cantarão até o fim,
    e as abelhas zuniram em sua queda populacional,
        os pés de muitos sim machucados
na avenida, cães e primatas sem casa,
    os estandartes confundindo-se com faixas
porque o samba-enredo não muda, entra ano sai ano,
é um pedido confuso,

        dá-nos Jesus e dá-nos Barrabás

com os dois debateremos que antes de Deus e César
queríamos dar ao filho, ao amigo, ao vizinho,
rezando apenas que esta balança que pende sempre
                                    [para um lado
        torne-se um balanço em que nos empurraríamos
            uns aos outros
nos ares dum parque de diversões gigante
        e que Nero não precisa incendiar Roma
pois nós mesmos já estamos com os fósforos nas mãos
e batucamos na caixinha enquanto seguimos
        cantando até o fim do mundo
com as baleias e os cães
e nossos irmãos e nossos primos entre os primatas.

SUFRÁGIO DA SAXÍFRAGA

a Josely Vianna Baptista

Quebra-pedra, flor nessa terra
só há se fura o asfalto e vara
a seca e o soco, o fogo e o fato.

As babosas nos quintais vicejam
e aveludam o cabelo de mães.
Ponte aguda entre o ar e o chão

é a espada-de-são-jorge. O sol
não há de estourar mamonas
pelo século todo e a cada hora.

Que samambaia dê logo flores!
e a pipoca estoure em milho
em nossas avenidas, nos sertões.

Esqueceu-se o Conselheiro
de que o vinagre há de virar leite
e o leite há de virar garapa?

Olhem só como já despencam
no colo da hortelã todas as romãs.
Aurora, ê porteira escancarada!

OS CALENDÁRIOS E OS CICLOS

a Florence Moehl, in memoriam

Agradeço aos geólogos
que ensinaram meus olhos
a ver na terra mar e vento,
e então calcular o custo
do tempo, a idade do solo
por ciclos mais longos
do que uns cinco minutos.

Até que no grão de areia
possa ver a montanha
a se esfarelar por milênios
para apoiar meus pés
aqui, agora, esta manhã
nas praias, ampulhetas.
Erosão que me completa.

Hei de inquirir as causas
de sermos ora meeiros
do diabo, nosso padeiro,
até que nos agulheiros
nasçam grama e palha,
A e Z, tudo se embaralhe,
tal qual o mel e abelhas.

Lições urdidas de chuvas
que nunca pedem licença
para despencar, urgidas

sim por quaisquer miríades
particulares de razões,
as que os pluviômetros
medem, mas não mudam.

E o calendário dos meses
não mais gome a corrente
que ao chão nos atrela,
e se transforme em redes
à pesca coletiva, se peixes
a nadar em águas futuras
escorregam de mãos nuas.

OITIVA E VIVÊNCIA

a Guilherme de Assis

1.

é por dias assim que nós vivemos
tanto os saudáveis
com amigos ao redor de uma fogueira

quanto os enfermos
na moleza do corpo invadido
por doenças

dias para dizer vivo
vivo até não mais
vivo até o húmus

2.

um amigo estende a mão
dizendo "tome isso"
e não é o segredo da imortalidade
o que seus dedos contêm
nem um elixir qualquer
para o retorno do tempo perdido
mas apenas uma aspirina
é tão simples simples assim
a redenção sem deuses

3.

ah Tomé
cutuque em minhas mãos
não as feridas de pregos
de uma cruz qualquer
mas esses calos e linhas

na minha mão onde ainda
cabem pedras facas
e os pequenos cristais
dos remédios
essa alquimia comprimida

4.

se eu fosse uma zebra
se eu fosse uma capivara
seriam apenas outros os prazeres
seriam apenas outros os terrores

os terrores os prazeres
únicas assinaturas
atemporais do planeta
aterrorizante delicioso

5.

tiro os sapatos dos pés
tiro a cabeça do gorro

firmo as plantas
que são minhas

no chão dos pés

e as raízes que eu
tenho estão
na cabeça dos cabelos

corro os dedos
nessas minúsculas
batatas

fincadas
na minha carne
com suas algas aéreas

6.

o mundo e eu
eu e o mundo

ê mundéu
grande com porteiras

a boca o ânus
minhas alfândegas

7.

talvez nesse momento exato
a zebra que eu não sou
acossada por centenas de iguais
cruze o rio Mara
entre as presas do crocodilo

talvez nesse momento exato
a capivara que eu não sou
debata-se nas águas
do rio Araguaia
entre as garras da onça

minhas primas
zebra-crocodilo
onça-capivara

8.

é um milagre
estar nesse planeta
um milagre horrífero
eu rio eu rio

9.

faz favor
Tomé fazei
do nosso terror
um terror
inocente

o terror
de capivaras zebras
o terror
de crocodilos onças

ser comido
não comer

10.

não doam
as zebras
as capivaras
seu sangue
por outros?

os úteros
das onças
os ovos
de crocodilos

nessa terra
que come
meus olhos

mas só depois de ver

O SILÊNCIO DE UM MENINO
NAS REDES SOCIAIS

Faço diligente meus autorretratos
e espero que ele erga o polegar
em público, qual César decida
se eu posso viver um dia a mais
na arena em que nos digladiamos.
Ao fim do mês, tabelo e analiso
a informação dos seus gostos
e desgostos, estes últimos
deduzidos de seu silêncio
que é, em si, o meu desgosto:
ele não gosta deste cabelo,
ele não gosta desta pose,
ele não gosta deste rosto,
mas ele gosta deste casaco!
Talvez um dia ele desça o polegar
e gládios de estranhos
me trespassem
e não afinal a sua glande,
ou abandone de todo estes sinais
mudos, esta fumaça sem fogo,
estes pombos-correios casmurros.
Talvez ele aprenda,
apesar de tão jovem,
que a invenção do telefone,
no hábito dos antigos,
era para ouvir vozes.
Quando então leve ao bocal a boca,

eu saberei como pentear o cabelo,
que pose não assumir no corpo,
que rostos esconder no rosto.
E estará limpo aquele casaco.

DO ESPALHAR E DO JUNTAR PEDRAS

a Bernardo Serino e João Moraleida

nos trens às seis
da manhã olhávamos
com desdém e inveja
para aqueles outros
concidadãos
os de banho tomado
os de barba e púbis
submetidos à navalha
sua higiene messiânica

assim seguiam eles
à produção dos dias
assim voltávamos nós
da predição da noite

e no lusco-fusco
de salas
com aluguéis atrasados
nas mesas
como tábuas sacrificiais
dispúnhamos
os pós as pílulas
ascendia o fumo em espiral

e cada um tentava tornar-se
a Sibila que sabe de si
o Oráculo que inocula o outro

mas não havia revelações
não havia *Magnum Mysterium*
não havia anjos anunciadores
não éramos xamãs
não éramos imãs

só sabíamos o que sabíamos
o colo a cabeça o coração
já tinham cinzeladas
suas cicatrizes

e flertávamos inconsequentes
com a morte a pane o piripaque
a síncope a ziquizira
o tangolomango

como se o corpo
fosse recurso renovável

nos iludíamos com a revolução
a mequetrefe revolução
do mal-comportar-se

nós as ovelhas cinza
os inimigos
do fim irremediável

pela tarde seguia aberto o comércio
podíamos viajar para onde quiséssemos
mas não tínhamos dinheiro
para cruzar qualquer alfândega
com nossos fracassos de contrabando

e se fizemos um minuto de silêncio
pelos presos

pelos exilados
pelos fuzilados
ele era sincero era sentido
mas era irrelevante

citávamos Freire Fanon Foucault
sem entender ainda muito
da vida e seus custos
seus preços seus câmbios

ao redor pardais digladiavam-se
por farelos de pão
por parceiros em cio
muito assim como as pessoas

e o planeta seguia aterrorizante
naquele terror particular de tudo
que vive
com seu ânus e boca

DEFESA DA MAIS FAMOSA GÓRGONA

Medusa Medusa
artista injustiçada
maior escultora da Antiguidade
grande representante da mimese
inventora da *action sculpting*
fiel aos princípios
           da Teoria da Recepção
proponente da interação
     com a plateia
           muito antes do Teatro Oficina
praticante da arte democrática
     acessível compreensível
        a todos os substratos sociais
confiante nos próprios procedimentos
defensora da não-separação
           entre forma e conteúdo
que forma e conteúdo ajustam-se
     mutuamente
inseparáveis tua vida e obra
     cuja beleza habita nos teus olhos
        de observadora
           da natureza humana

Medusa Medusa
     diz a esta geração de Dorian Grays
        a esta milícia dos frágeis
     a esta congregação de doridas greis

que a lealdade à própria manufatura
à própria oftalmofatura
ainda que nos custe as serpentes
e os cabelos
vale tão mais do que o risinho irônico
e beato de um Perseu
com seus jogos de espelhos
com sua arte conceitual
tu nunca prometeste
corrigir
empossar
remir
jamais te incumbiste a ti mesma
de salvar princesas

Medusa Medusa
nós seguidores anacrônicos
de tua escola artística
do teu lúcido -*ismo* sem manifesto
nós que não somos
nem bons nem moços
nós teus discípulos
exegetas do exagero
sempre com o dedo no gatilho
sabemos
que o rugoso o áspero o sibilante
o desagradável o bruto
são também joia e quitute
teus filhos destemidos e feios
que estragam o jantar alheio
com as cinzas do cinza
negligentes do bem-estar social
sabemos que jamais temeste
o espelho
ou o reflexo e a reflexão-de-si

mas o aguardaste paciente
para consumar tua intrínseca vidobra

NO SÍTIO DA TERRA PEQUENA

a Leonardo Fróes

Jamais pensei um dia entre capivaras
e coatis descobrir a costela-de-adão
ereta às vésperas do enfolhamento.
Que monstra deliciosa! Fazia sombra
alta o amansa-senhor, suas flores
vermelhas e seu chá antigo, sonífero
que espera os buchos dos condes
e barões do Rio de Janeiro de hoje.
Como se para mim, o manacá florescia
às bordas do caminho, para mim!
eu que os conhecia apenas da pintura
de Tarsila do Amaral. E quanto
cresceu o guapuruvu, pau-de-tamanco,
desde minha chegada a este sítio?
Ao redor aninhavam-se outros bichos
nas rochas da Serra dos Órgãos.
A cerração baixa deixava o ar ruço.
Não longe, calva como outras pedras
enormes dessa terra, erguia-se
a Maria Comprida em gnaisse-granito,
que outro poeta escalou
para que lhe fosse permitido
escrever para todos os animais
de montanha: há lição para descer.
Eu, que perco o fôlego nas escadarias
dos prédios de novos condes e barões
com seus elevadores sociais

e de serviço, cosmopolitinha-caipirão,
perguntava que pássaros
eram aqueles que lembravam faisões.
Jacus! Jacus. Ali estava eu, menos
Adão com o poder de nomear
do que tataraneto mestiço de colonos
e nativos entremeados na morte
das línguas, perguntando cabisbaixo:
será tarde, ao zunir dos mosquitos
da febre-amarela, para fugir pela mata,
irmão de lobos-guarás e vira-latas,
das cinzas e brasas dos paus-brasis?

ESPADACHINS

a William Zeytounlian

Nada se reordenou no mundo
esta manhã na qual descubro,
nesse desembainhar palavras de coisas,
que sempre chamei de peixe-espada
o que outros chamam de espadarte.

Eles seguem inscientes do anzol,
essa outra arma nossa,
um deles assemelhando a espada
com o corpo todo, o outro
com o que lembra uma espada sobre a boca.

Contra dicionários e nossa indústria bélica
seguem por água doce e água salgada
o peixe-espada e o espadarte,
indiferentes ao que não seja fome ou tesão.

E na minha tesão e minha fome
vou também sendo catalogado no mundo,
em verossimilhanças e incongruências,
com a língua que também se usa
como anzol e como espada.

E se repito agora seus nomes
como quem decora as partes do corpo,
é só para ordenar um pouco meu caos,
sem espada na boca além da língua,

como se assim os protegesse,
qual pudesse doar-lhes uma bainha:

este é o peixe-espada,
aquele é o espadarte,
e aqui está minha língua.
Nossa bainha é o mundo.

A RÃ

a Caetano Veloso e Horácio Costa, por suas rãs

Essa rã vive a requebrar-se
em sempiterna
marcha-à-ré. É um terçol.

Anda qual rês pelas ruelas,
coaxa sins, nãos.
Aí faz a egípcia, crente

de ser um deus Rá, a Monga
acha-se um sol,
clitóris da rainha de paus.

Cleópatra sem coroa e brio
ao norte ou sul
da Sé, a cleptomaníaca

chia sua blitz de uis e ais,
repica, rebola
como se cai dum caum,

bunda rota por cães, cuins.
Rosna, czarina,
perante o pelotão de fuzis,

grunhe em paz, Miss Troll,
minha sór de sal,
sem bicarbonato de sódio

que agúe teu bucho de pós
que macularam
a fuça indigna de Pitanguy.

Jezebel da mescalina de si,
cupins aguardam
tua cara na ceia das más,

e frol espuma tua bocarra
sem cós,
a foz de breu das bruacas.

À nau louca, sinhá-vaca,
sem São Pau
que te epistole um dindim

e, cedida ao rol da torcida
do Corinthians,
rasgue, doce flã, teu cu.

Eis a vida chã ao rés do cão,
tua grã-tez, cútis
de gás, gel, giz, gol e gum.

Nada vale a fé de Jó-fêmea,
teu jejum de picas,
teu *putsch* contra a cruz

é um fiasco de público, como
tuas cãs de pelúcia,
tuas unhas postiças de uz.

Só te resta isso: um ror de dias
de horror e ronda.
Urra ou sussurra: ugh, ugh.

TESTAMENTO DE VILÃO

a Michael Salu

homens e mulheres
que embeberam suas mãos
em ocre e carvão
e mancharam com elas as pedras
são hoje todos menos pó do que o pó
extintas suas crenças
suas línguas

as preocupações com a caça a coleta
os casamentos as crises da Moeda
as alianças com a cidade-Estado vizinha
as guerras contra o clã adversário
a resistência aos saqueadores d'além-mar

aquela erupção vulcânica
aquela epidemia da peste
aquele terremoto aquele maremoto
que custaram gente
importante amada insubstituível

tudo esquecido

os sacerdotes do novo deus-macho
suas polêmicas
com as pitonisas da velha deusa-fêmea

tudo consumado

e malemá lembrado
nos novos poemas
da língua dos conquistadores
nos épicos do Império
que rui como todos os outros

tudo olvidadíssimo

pouco importam as saudades dos deuses
que também morreram
junto de suas imagens e semelhanças
de todo povinho que se quer povão
se crê ápice da espécie épico do espírito
seus poemas hinos éditos canções
nos chegam em imagens confusas
são sonhos são pesadelos

os acadêmicos confiantes
as chamam de metáforas
esse baú de terrores

a floresta é agora uma campina
o velho rio que não mais corre
depositou tanto sedimento
que a baía é hoje um prado

os cavalos anônimos dos épicos
morrem como soldados rasos

e não me bastaria montar a pelo
os mustangues em Montana
os lavradeiros em Roraima
e tentar fugir nas dobras do tempo
à Infância do Ouro

nem esperar com estilingue na mão
o Retorno do Encoberto do Prometido
para unir-me a ele na Grande Batalha
outro Apocalipse outro Helter Skelter

só me atiça o cavalo original do continente
hoje nem mesmo ilustre extintíssimo
enquanto assisto ao galope
dos cavalos que voltaram de barco para as Américas
sem saber para qual casa original
me levariam os mesmos barcos

se minha cartografia genética aponta
da Catalunha ao Congo
de Coimbra a Catanduva

o X do mapa o X da questão

quisera mesmo é esquartejar-me
numa volúpia tiradentina
e ir aos quatro cantos dos antepassados
enrodilhados genuflexos

Dona Giselda minha alfabetizadora
para que juntei símbolos de sons
aquele B + A aquele B + E?
outros alfabetos virão

para que coligi diligente aqueles coletivos?
o lobo a matilha
o peixe o cardume
o porco a vara

se a extinção é um destino
tão certeiro

de tudo o que rasteja sob a gravidade
ou flutua com nadadeiras espertas
na água?

olho os meus próximos
os que fui instado a amar
como a mim mesmo

coitados

enquanto esgoela da tribuna
até hoje algum Pôncio Pilatos
exigindo a escolha
perante a turba

Jesus ou Equus ou Exus

e no entanto cá balbucio
gaguejo em nome dos mortos dos vivos
faço assim valer o sal o açúcar
que gastei gasto gastarei?

VICTOR HERINGER UNE-SE AOS EGUNS

1.

Como naquela rara fotografia
juntos, com sua cabeça
a pender sobre meu peito,
esse gesto que diz entre nós
muito mais do que o aperto de mão,
muito mais do que o beijo na boca,
porque é o colo,
aquele que em nossa terra
expandimos para além da caixa torácica
para ir da garganta até os joelhos,
como a rede em que nos embalavam
as mães antigas,
como as cadeiras em que nos ninam
as mães novas,
cantarolando que a Cuca
não há de vencer.

2.

Estava entre amigos
quando as mensagens de voz
começaram a entupir meu telefone
mas as ignorei, por estar entre amigos
e aos amigos presentes dá-se

toda prioridade,
como você mesmo o faria,
gladiador da ternura e do candor.

3.

É só uma notícia. Uma notícia. Pasmo
de susto, assustei eu mesmo
os vivos na sala, ao dar uma golfada de ar
adentro, como quem emerge a cabeça
para fora d'água segundos antes
de afogar-se, mas em verdade
submergia naquele instante.

4.

É como se houvesse morrido
a última gentileza.
Hoje extinguiram-se deveras
todos os dodôs.

5.

As pequenas ruas da Glória e do Catete
perderam um historiador, nestes tempos
em que não há mais historiadores de ruas.
Você sai das ruas da Glória e do Catete
para fazer parte da história das ruas.

6.

Estão imediatamente órfãos alguns objetos
que só você teria visto como importantes:
uma pena de pombo qualquer, uma pedra
ou concha, que você teria erguido
em amuleto.

7.

Tenha sido cândido, gentil e terno
como era você, cavalheiro, cavaleiro,
Omolu ao cortar o cordão de prata.

NARVAL OU LOUVA-A-DEUS

> "HOTEL MANAGER — Now have you thought of what
> animal you'd like to be if you end up alone?
> LONER — Yes. A lobster.
> HOTEL MANAGER — A lobster is an excellent choice."
>
> Yorgos Lanthimos, *The Lobster* (2015)

Depois que este corpo
com rosto e registro geral
fixar residência — temporária —
no jazigo da família penhorada
ao fim da rua Campos Salles
naquela paróquia,
naquele município,
naquela comarca,
encaixotado, etiquetado
com pagamento adiantado,
e o autor esteja, como sua obrinha,
findo e finado,
tentem, por favor, não fofocar demais.

Já tive a ganância da vida eterna,
já tive a ilusão do eterno retorno
em reedições corrigidas,
hoje nem anseio
alguma recombinação aleatória
dos materiais da minha construção.

Mas se a qualquer moribundo
se permite um cigarro
e um desejo finais,

quisera pedir ao gerente-mor,
caso exista, voltar na próxima estação
na carne de um narval,
baleia dentada e unicórnia,
ou talvez um louva-a-deus,
que ao menos na minha terra
evitam pisotear
pois dizem que é pecado.

A verdade é que qualquer coisa
me cairia bem, só uma gentileza
eu pediria: se de novo bicho,
que seja aquático se vertebrado
ou invertebrado se terrestre.

Seria um favor, pois ando cansado
das bagagens com roupas novas e velhas,
da biblioteca que faz tão pesadas
as caixas de mudança,
dos móveis que acumulam pó
e precisam ser arrastados
para uma limpeza decente,
fazendo sulcos no assoalho.

Cansei das gravidades.

Não apenas da lição de física,
mas também dessa outra:
a das notícias, dos diagnósticos.
A seriedade do cenho franzido
em mim e meus colegas,
insistindo em lembrar
aos prezados leitores e ouvintes
que o céu é azul, que o pássaro voa,
e que o sol se põe no horizonte,

tirando disso alguma lição
que invariavelmente esquecemos.

Talvez a canseira maior
seja dessa carne que se faz verbo
não copulativo, a conjugação
recorrente dessa merda angelical
sempre em primeira pessoa,

o que é, o que é:
amar, verbo intransigente.

SOBRE O AUTOR

Ricardo Domeneck nasceu em Bebedouro, SP, em 1977, e vive e trabalha desde 2002 em Berlim, na Alemanha. Poeta, contista e ensaísta, publicou dez volumes de poemas e dois de contos, entre os quais se destacam: *Cigarros na cama* (Livraria Berinjela, 2011), *Medir com as próprias mãos a febre* (7 Letras, 2015) e *Odes a Maximin* (Garupa, 2018) no campo da poesia; *Manual para melodrama* (7 Letras, 2016) e *Sob a sombra da aboboreira* (7 Letras, 2017), em prosa. Uma seleção de todo o seu trabalho foi reunida em *Mesmo o silêncio gera mal-entendidos: antologia 2000-2020* (Garupa Edições, 2021).

Em 2013 foi um dos artistas convidados a preparar peças em *outdoors* para a Bienal das Américas ("Draft Urbanism"), em Denver, Colorado (EUA), e em 2018 foi convidado oficial da FLIP, em Paraty, RJ. Fez leituras e performances em instituições como o MAM-Rio, Museo Experimental El Eco (Cidade do México), Bozar (Bruxelas) e Akademie der Künste (Berlim). Foi escritor-residente na Casa Internacional de Literatura (Bruxelas), em 2016, e no Instituto Holandês para Estudos Avançados nas Ciências Humanas e Sociais (Amsterdã), em 2022. Participou também das Feiras do Livro de Frankfurt, Roma e Cidade do México.

Colaborou com artistas e músicos alemães como Wolfgang Tillmans, Heinz Peter Knes, Malte Zenses, David Schiesser, Béla Pablo Janssen, Nelson Bell, Uli Buder, Kreidler e Lea Porcelain, assim como os brasileiros Tetine e Matheus Chiaratti. Foi membro do júri do programa de residência literária da DAAD (Deutscher Akademischer Austauschdienst) em 2018, 2019, 2020 e 2023. Foi coeditor da revista *Modo de Usar & Co.* (2007-2017) e atualmente edita a revista *Peixe-boi*.

Tem antologias de poemas publicadas na Alemanha (*Körper: ein Handbuch*, Verlagshaus Berlin, 2013, tradução de Odile Kennel) e na Holanda (*Het verzamelde lichaam*, Uitgeverij Perdu, 2015, tradução de Bart Vonck). Seu livro *Ciclo do amante substituível* (7 Letras, 2015) foi publicado na Espanha (*Ciclo del amante sustituible*, Kriller71 Ediciones, Barcelona, 2014, tradução de Aníbal Cristobo). Estão em preparo sua segunda antologia poética em alemão (Verlagshaus Berlin, tradução de Odile Kennel) e sua primeira em inglês (World Poetry Books, Nova York, tradução de Chris Daniels).

Leonilson (1957, Fortaleza - 1993, São Paulo)
O louco, 1992 (reprodução em PB)
Tinta de caneta permanente e tinta metálica sobre papel, 32 x 24 cm
Foto: © Edouard Fraipont / Projeto Leonilson

Este livro foi composto em Sabon, pela Franciosi & Malta, com CTP e impressão da Edições Loyola em papel Pólen Natural 80 g/m² da Cia. Suzano de Papel e Celulose para a Editora 34, em novembro de 2023.